この本のとく色と使い方

本書は，アルファベットの練習《れんしゅう》をスタートさせるための練習帳《れんしゅうちょう》て
小文字や基本的《きほんてき》な英単語《えいたんご》の練習が繰《く》り返《かえ》しできるように工夫《くふう》されてい
英語《えいご》で使《つか》うアルファベットは26文字あり，それぞれの文字に大文
は，文字をなぞって書ける部分《ぶぶん》は少しうすい文字にしています。濃《こ》
ぞって練習してから，実際《じっさい》に書いてみましょう。

また，本書についているQRコードをスマートフォンなどで読《よ》み取《と》ると，本書の画像《がぞう》が表示《ひょうじ》されます。グレーの部分をタッチすればアルファベットや英単語の音声が再生《さいせい》されますので，いっしょに発音《はつおん》の練習もしてみましょう。

※お使いの機器によっては再生できないものもあります。また，通信費はお客様負担になります。
※QRコードは㈱デンソーウェーブの登録商標です。

★書き出しを確《たし》かめてから，見本を見て練習しよう。

★スマーフォンなどで読み取って音声を聞いてみよう。

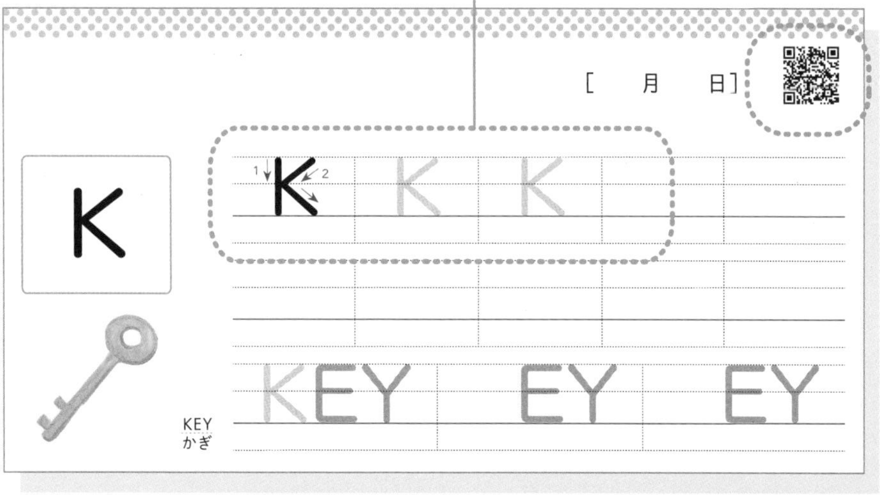

もくじ

本書に関する最新情報は，小社ホームページにある**本書の「サポート情報」**をご覧ください。（開設していない場合もございます。）
なお，この本の内容についての責任は小社にあり，内容に関するご質問は直接小社におよせください。

大文字の練習《れんしゅう》 ① ― A～F ―

※書き順は一例です。

■ 線をなぞって書き，次《つぎ》にていねいに書いてみましょう。

A

A A A

ANT
あり

ANT NT NT

B

B B B

BUS
バス

BUS US US

C

C C C

CAT
ねこ

CAT AT AT

D

D D D

DOG
いぬ

DOG OG OG

[　　月　　日]

E

E E E

EGG
たまご

EGG GG GG

F

F F F

FOX
きつね

FOX OX OX

■ イラストを参考《さんこう》にして，A ～ F までのアルファベットから一文字入れて単語《たんご》を完成《かんせい》させましょう。

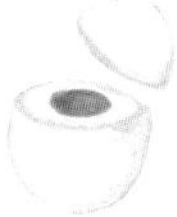 GG

 OG

 NT

 AT

 OX

 US

大文字の練習《れんしゅう》 ② — G～L —

※書き順は一例です。

■ 線をなぞって書き，次《つぎ》にていねいに書いてみましょう。

G

G G G

GIRL
女《おんな》の子《こ》

GIRL IRL IRL

H

H H H

HAT
ぼうし

HAT AT AT

I

I I I

ICE
こおり

ICE CE CE

J

J J J

JAM
ジャム

JAM AM AM

[　　月　　日]

K

K K K

KEY EY EY

KEY
かぎ

L

L L L

LION ION ION

LION
ライオン

■ イラストを参考《さんこう》にして，G ～ L までのアルファベットから一文字入れて単語《たんご》を完成《かんせい》させましょう。

 ION

 AM

 AT

 CE

 IRL

 EY

大文字の練習《れんしゅう》 ③ ― M～R ―

※書き順は一例です。

■ 線をなぞって書き，次《つぎ》にていねいに書いてみましょう。

M

M M M

MAP
地図《ちず》

MAP AP AP

N

N N N

1 2 3
4 5 6
7 8 9

NUMBER
数字《すうじ》

NUMBER UMBER

O

O O O

ORANGE
オレンジ

ORANGE RANGE

P

P P P

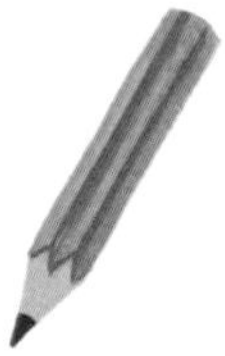

PENCIL
えんぴつ

PENCIL ENCIL

Q

Q Q Q

QUEEN UEEN UEEN

QUEEN
女王《じょおう》

R

R R R

RAIN AIN AIN

RAIN
雨《あめ》

■ イラストを参考《さんこう》にして，M～Rまでのアルファベットから一文字入れて単語《たんご》を完成《かんせい》させましょう。

AP

UEEN

RANGE

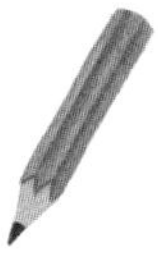
ENCIL

大文字の練習《れんしゅう》 ④ — S～X —

※書き順は一例です。

■ 線をなぞって書き，次《つぎ》にていねいに書いてみましょう。

S

S S S

SUN
太陽《たいよう》

SUN UN UN

T

T T T

TABLE
テーブル

TABLE ABLE ABLE

U

U U U

UMBRELLA
かさ

UMBRELLA MBRELLA

V

V V V

VIOLIN
バイオリン

VIOLIN IOLIN

[　　月　　日]

W

W　W　W

WINDOW
まど

WINDOW　INDOW

X

X　X　X

XMAS
クリスマス

XMAS　MAS　MAS

■ イラストを参考《さんこう》にして，S～Xまでのアルファベットから一文字入れて単語《たんご》を完成《かんせい》させましょう。

ABLE

UN

INDOW

MBRELLA

大文字の練習《れんしゅう》 ⑤　— Y～Z —

※書き順は一例です。

■ 線をなぞって書き，次《つぎ》にていねいに書いてみましょう。

Y

Y Y Y

YACHT
ヨット

YACHT　ACHT　ACHT

Z

Z Z Z

ZEBRA
しまうま

ZEBRA　EBRA　EBRA

■ イラストを参考《さんこう》にして，Y または Z のアルファベットから一文字入れて単語《たんご》を完成《かんせい》させましょう。

EBRA

ACHT

■ A ～Zまでのアルファベットをもう一度《いちど》練習してみましょう。

ABCDEFGHIJKLM

NOPQRSTUVWXYZ

[　　月　　日]

■ ちがいに注意《ちゅうい》して練習《れんしゅう》しましょう。

B P

BとPがちがうところ。

C G

わすれない。

E F

わすれない。

I T

線の本数と長さに注意。

J U

書き出しの位置に注意。

M N

MとNがちがうところ。

O Q

わすれない。

P R

わすれない。

V W

WはVを２つつづけた形になっている。

大文字の練習《れんしゅう》 ⑥

■ A～Zを線でつなぎ，絵を完成《かんせい》させましょう。

[　　月　　日]

■ A～Zのカードを作っています。あと1まい足《た》りないカードは何ですか？

A B C D E G H I J

K L M N O P Q R S

T U V W X Y Z

こたえ

■ 大文字になるように上下を線で結《むす》びましょう。

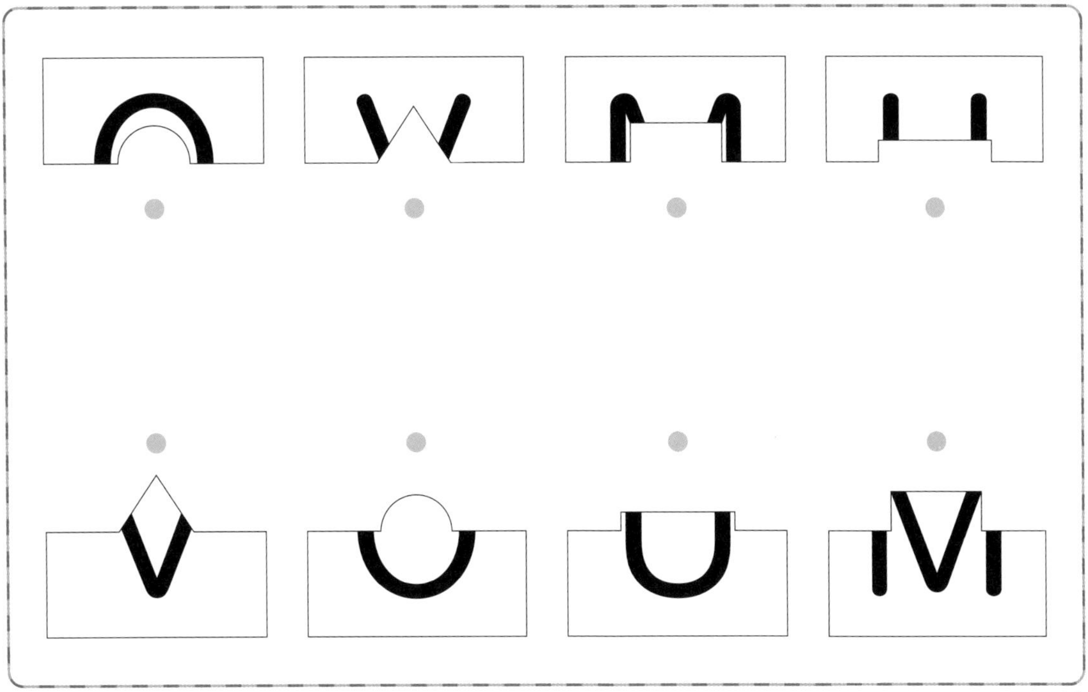

大文字の練習《れんしゅう》 ⑦

■ 線をなぞって書き，次《つぎ》にていねいに書いてみましょう。

BGM
ビージーエム

BGM BGM

CM
シーエム

CM CM

CD
シーディー

CD CD

DJ
ディージェー

DJ DJ

PC
ピーシー

PC PC

[　月　日]

SF

エスエフ

SF SF

SOS

エスオーエス

SOS SOS

UFO

ユーフォー

UFO UFO

■ □にあてはまる大文字を，ヒントをもとに書きましょう。

①ヒント：

		□	D
B	G	M	

②

S	O	□
		F

ヒント：

小文字の練習《れんしゅう》 ①　— a～f —

※書き順は一例です。

■ 線をなぞって書き，次《つぎ》にていねいに書いてみましょう。

a

a a a

apron
エプロン

apron pron pron

b

b b b

bee
はち

bee ee ee

c

c c c

cake
ケーキ

cake ake ake

d

d d d

desk
つくえ

desk esk esk

e

e e e

eye
目

eye ye ye

f

f f f

flower
花

flower lower

■ イラストを参考《さんこう》にして，a ～ f までのアルファベットから一文字入れて単語《たんご》を完成《かんせい》させましょう。

 ye

 pron

 esk

 ake

 lower

 ee

小文字の練習《れんしゅう》 ② ー g～l ー

※書き順は一例です。

■ 線をなぞって書き，次《つぎ》にていねいに書いてみましょう。

g

g g g

gorilla
ゴリラ

gorilla orilla orilla

h

h h h

house
家

house ouse ouse

i

i i i

island
島《しま》

island sland sland

j

j j j

juice
ジュース

juice uice uice

[　　月　　日]

k

k k k

king

王《おう》

king ing ing

l

l l l

leaf

葉《は》

leaf eaf eaf

■ イラストを参考《さんこう》にして，g ～ l までのアルファベットから一文字入れて単語《たんご》を完成《かんせい》させましょう。

 sland

 ing

 ouse

 uice

 eaf

 orilla

小文字の練習《れんしゅう》 ③ — m〜r —

※書き順は一例です。

■ 線をなぞって書き，次《つぎ》にていねいに書いてみましょう。

m

m m m

music
音楽

music usic usic

n

n n n

night
夜

night ight ight

o

o o o

onion
たまねぎ

onion nion nion

p

p p p

pet
ペット

pet et et

［　　月　　日］

q

q q q

quiz
クイズ

quiz uiz uiz

r

r r r

rabbit
うさぎ

rabbit abbit abbit

■ イラストを参考《さんこう》にして，m ～ r までのアルファベットから一文字入れて単語《たんご》を完成《かんせい》させましょう。

nion

abbit

et

ight

usic

uiz

小文字の練習《れんしゅう》 ④ — s ～ x —

※書き順は一例です。

■ 線をなぞって書き，次《つぎ》にていねいに書いてみましょう。

s

s s s

star
星

star tar tar

t

t t t

tennis
テニス

tennis ennis ennis

u

u u u

uniform
ユニフォーム

uniform niform niform

v

v v v

vegetable
やさい

vegetable egetable

[月 日]

w

w w w

watch

うでどけい

watch atch atch

x

x x x

box

はこ

box bo bo

■ イラストを参考《さんこう》にして，s～x までのアルファベットから一文字入れて単語《たんご》を完成《かんせい》させましょう。

 ennis

 bo

 atch

 tar

 egetable

小文字の練習《れんしゅう》 ⑤ ― y～z ―

※書き順は一例です。

■ 線をなぞって書き，次《つぎ》にていねいに書いてみましょう。

y

y y y

yellow
黄色《きいろ》

yellow ellow ellow

z

z z z

zoo
動物園《どうぶつえん》

zoo oo oo

■ イラストを参考《さんこう》にして，y または z のアルファベットを一文字入れて単語《たんご》を完《かん》成《せい》させましょう。

oo

ellow

■ a～z までのアルファベットをもう一度《いちど》練習してみましょう。

a b c d e f g h i j k l m

n o p q r s t u v w x y z

[　　月　　日]

■ ちがいに注意《ちゅうい》して練習《れんしゅう》しましょう。

ao

aとoがちがうところ。

ad

しっかりのばす。

bd

文字の形に注意。

gq

カーブに注意。

hn

しっかりのばす。

ij

カーブに注意。

nu

文字の形に注意。

nr

しっかりのばす。

qp

文字の形に注意。

小文字の練習《れんしゅう》 ⑥

■ a～zを線でつなぎ，絵を完成《かんせい》させましょう。

[　　月　　日]

■ 小文字のａ～ｚの部分をぬりつぶし，虫を完成《かんせい》させましょう。

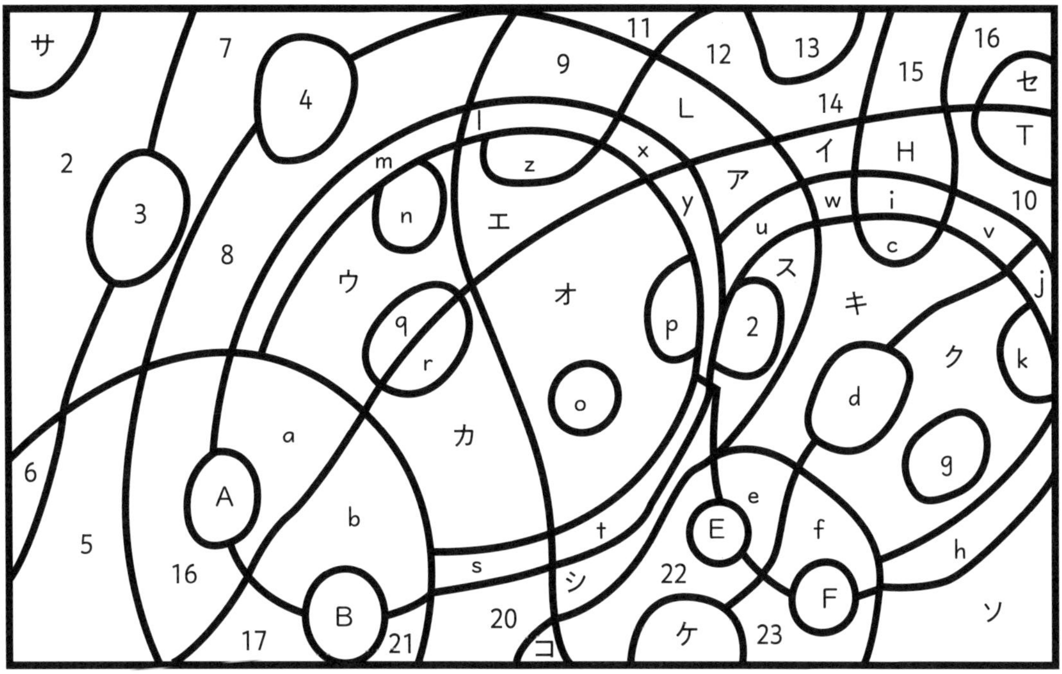

■ □にあてはまるものをえらび，線で結《むす》びましょう。

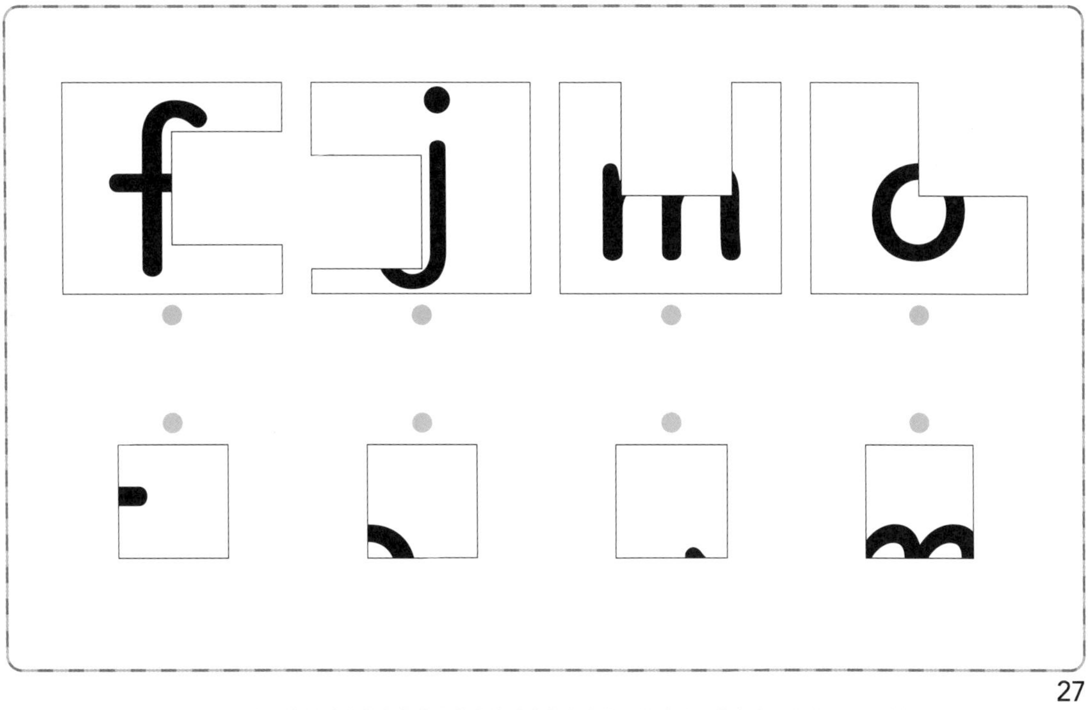

大文字と小文字の練習《れんしゅう》

■ 大文字の練習をしましょう。

A B C D E
F G H I J
K L M N O
P Q R S T
U V W X Y
Z

■ アルファベットの順《じゅん》になるように，ぬけている大文字を書きましょう。

A → 　 → C → D → 　 → 　 → G →
→ I → 　 → K → L → 　 → 　 → O → P
→ 　 → R → 　 → T → 　 → 　 → W →
→ Y →

[　　月　　日]

■ 小文字の練習をしましょう。

a　b　c　d　e

f　g　h　i　j

k　l　m　n　o

p　q　r　s　t

u　v　w　x　y

z

■ アルファベットの順《じゅん》になるように，ぬけている小文字を書きましょう。

→ b → c → → e → → g →

→ i → → k → → → n → o →

→ → r → → t → u → → w →

→ → z

大文字と小文字の組み合わせ

■ Aとaのように，大文字と小文字の組み合わせが正しくなるように，____にあてはまるアルファベットを書きなさい。

[　月　日]

e　f　G　h

m　N　o　P

u　V　w　x

単語《たんご》 ①　— 食《た》べ物《もの》 —

■ 単語の練習《れんしゅう》をしましょう。

アプル
apple

apple apple

ケイク
cake

cake cake

ヂュース
juice

juice juice

[　月　日]

オニオン
onion

onion onion

スープ
soup

soup soup

エッグ
egg

egg egg

ブレッド
bread

bread bread

ジャム
jam

jam jam

単語《たんご》 ② ー動《どう》 物《ぶつ》ー

■ 単語の練習《れんしゅう》をしましょう。

ドーグ
dog

dog dog

キアット
cat

cat cat

ラァビット
rabbit

rabbit rabbit

エレファント
elephant

elephant elephant

ライアン
lion

lion lion

パァンダ
panda

panda panda

ヂラァフ
giraffe

giraffe giraffe

マンキ
monkey

monkey monkey

単語《たんご》 ③ ー 体 ー

■ 単語の練習《れんしゅう》をしましょう。

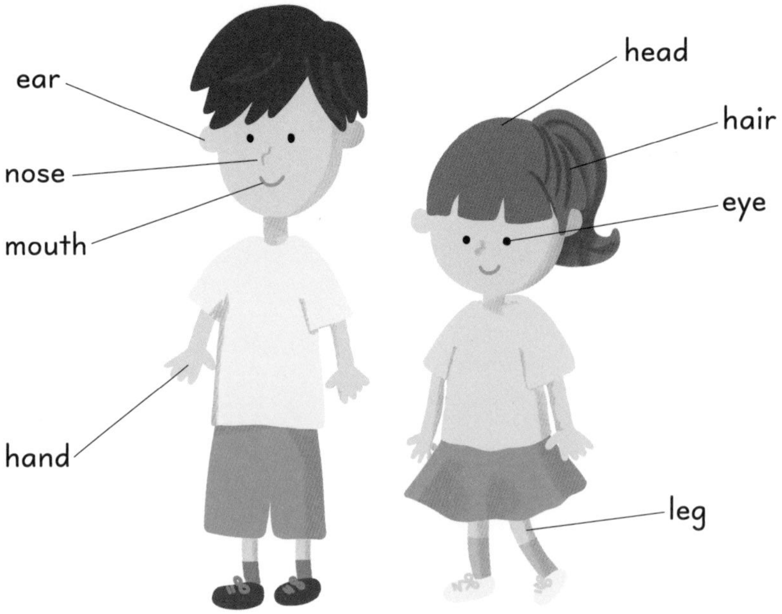

イア
ear

ear ear

マウス
mouth

mouth mouth

ハァンド
hand

hand hand

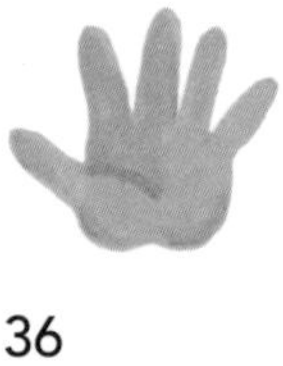

[　　月　　日]

nose《ノウズ》

nose nose

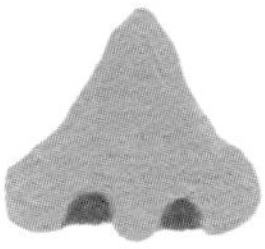

head《ヘッド》

head head

eye《アイ》

eye eye

hair《ヘア》

hair hair

leg《レッグ》

leg leg

単語《たんご》 ④ ― 乗《の》り物《もの》 ―

■ 単語の練習《れんしゅう》をしましょう。

シップ
ship

ship ship

ヘリカプタ
helicopter

helicopter helicopter

カー
car

car car

[　　月　　日]

taxi《タァクスィ》

taxi taxi

train《トゥレイン》

train train

plane《プレイン》

plane plane

bike《バイク》

bike bike

bus《バス》

bus bus

単語《たんご》 ⑤ ― 文房具《ぶんぼうぐ》 ―

■ 単語の練習《れんしゅう》をしましょう。

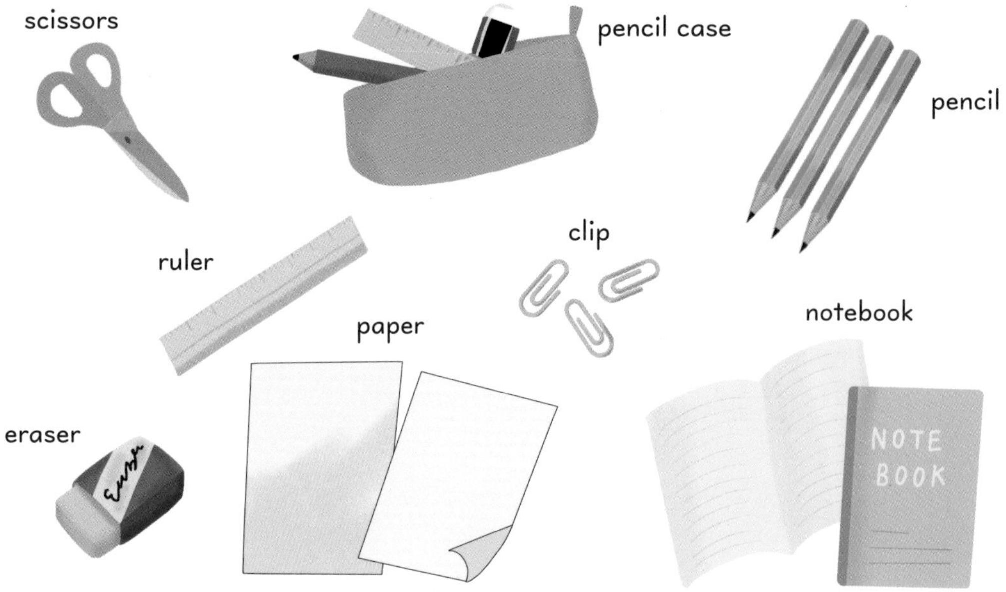

ルーラ
ruler

ruler ruler

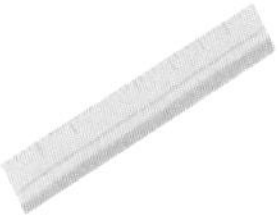

イレイサ
eraser

eraser eraser

ノウトブック
notebook

notebook notebook

pencil《ペンスル》

pencil pencil

paper《ペイパ》

paper paper

clip《クリップ》

clip clip

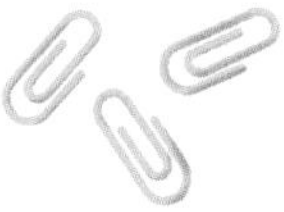

pencil case《ペンスルケイス》

pencil case pencil case

scissors《スィザズ》

scissors scissors

単語《たんご》⑥ ー数 字ー

■ 単語の練習《れんしゅう》をしましょう。

ワン
one

one one

トゥー
two

two two

スリー
three

three three

フォーア
four

four four

ファイヴ
five

five five

six《スィックス》

six six

seven《セヴン》

seven seven

eight《エイト》

eight eight

nine《ナイン》

nine nine

ten《テン》

ten ten

単語《たんご》 ⑦ —色—

■ 単語の練習《れんしゅう》をしましょう。

(ホ)ワイト
white

white white

レッド
red

red red

ブルー
blue

blue blue

[　月　日]

yellow《イエロウ》

yellow yellow

green《グリーン》

green green

pink《ピンク》

pink pink

brown《ブラウン》

brown brown

black《ブラァック》

black black

まとめ

■ ①～⑩の単語《たんご》を大文字で書きましょう。

①  NOTEBOOK	②  VEGETABLE	③  ZOO	④  FLOWER	⑤  LIBRARY
⑥  UMBRELLA	⑦  YACHT	⑧  WATCH	⑨  YELLOW	⑩  LEMON

［　　月　　日］

■ 大文字と小文字の組み合わせが正しくなるように，線でつなぎましょう。

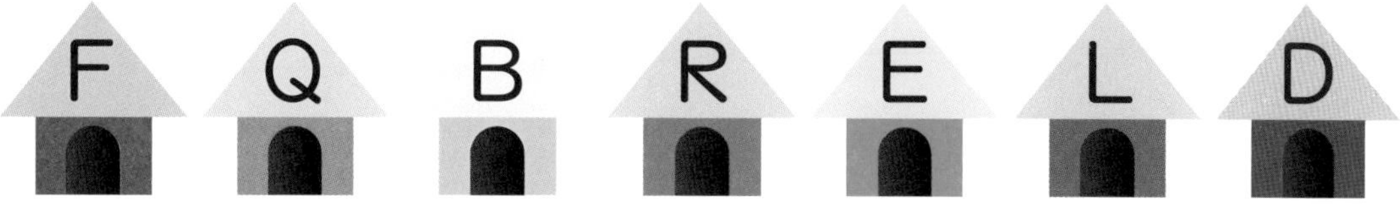

■ 絵と合う単語を線で結びましょう。

bread

plane

ship

orange

elephant

scissors

まとめの答え

● 46 ページ

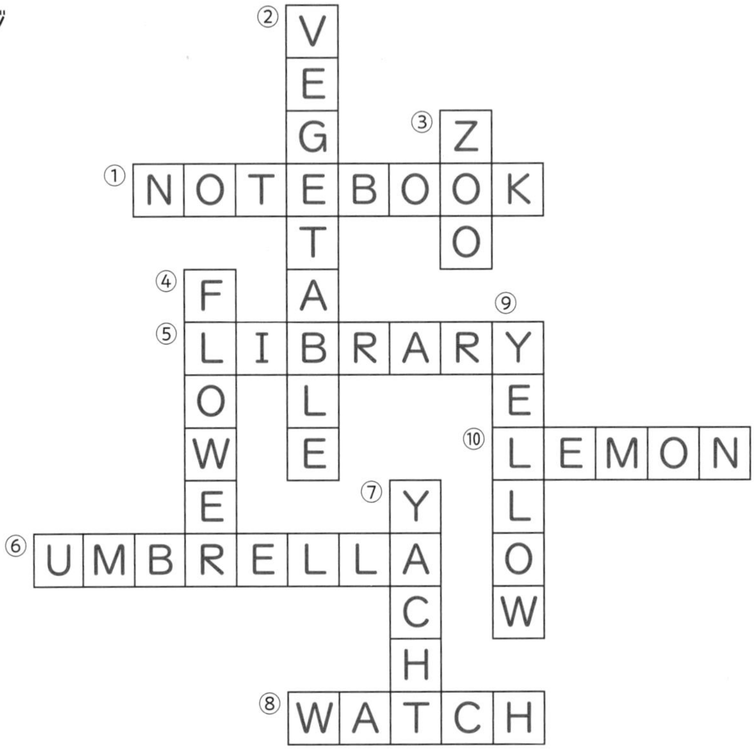

● 47 ページ

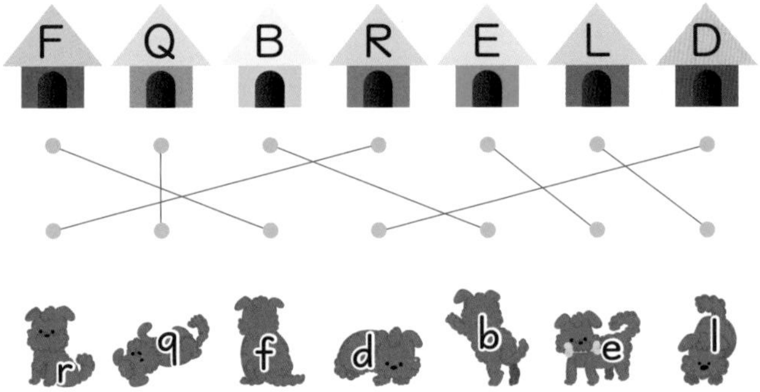

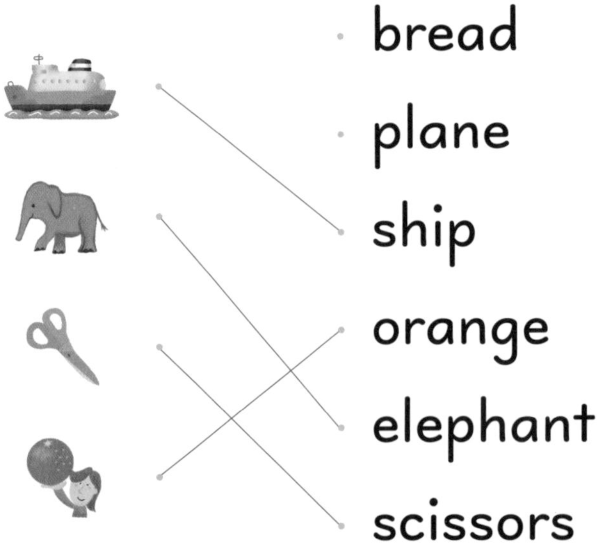